SUPPRESSION

DE LA BANQUE DE FRANCE,

CRÉATION

D'UNE BANQUE NATIONALE.

Imp. Dondey-Dupré, rue St-Louis, 46, au Marais.

SUPPRESSION

DE LA

BANQUE DE FRANCE

CRÉATION

D'UNE BANQUE NATIONALE

PAR

J. B. DELCROS,

Ancien Comptable.

> La nation est l'origine de tout crédit,
> elle n'a pas besoin d'acheter le crédit
> qu'on n'aurait pas sans elle.
>
> MIRABEAU, 1789.

PARIS.

VICTOR MAGEN, ÉDITEUR,

27, RUE DES GRANDS-AUGUSTINS.

—

1848

AVANT-PROPOS.

Mon intention était d'entrer en matière sans préambule, parce que je sais qu'en général le Lecteur n'aime pas les préfaces ; mais une aventure assez singulière, survenue au sujet de la publication de ce petit ouvrage, m'oblige de le faire précéder d'un avant-propos qui en contienne le récit. Elle pourra servir de leçon aux Auteurs, mes collègues :

M. Renard, libraire spécial du commerce, rue Sainte-Anne, 71, s'était chargé avec empressement d'éditer ma Brochure ; ne voilà-t-il pas qu'il lui a pris fantaisie, je ne sais dans quel but, de la communiquer à M. d'Argout, gouverneur de la Banque ! Or, voici la lettre que cet illustre personnage a bien voulu écrire à l'Éditeur :

Monsieur,

« Je vous remercie de la communication que vous avez eu la complai-
» sance de me faire. Je pense qu'il serait prudent de vous faire remettre
» les frais d'impression avant d'entreprendre la publication d'un ouvrage
» qui contient une foule d'erreurs.

» Recevez, Monsieur, l'assurance de ma parfaite considération.

» *Signé* : D'ARGOUT.

» 12 août 1848.

» Monsieur Renard, libraire. »

Cette lettre n'est pas maladroite pour un Gouverneur de la Banque de France. M. d'Argout ne pouvait pas écrire tout uniment à l'Éditeur : *Vous m'obligerez infiniment de ne pas publier cet ouvrage.* Il a pensé que les Auteurs font rarement eux-mêmes les frais d'impression de leurs œuvres ; qu'ils sont pour la plupart trop misérables pour cela ; en conséquence il s'est dit : Puisque le libraire me communique un manuscrit hostile à la Banque de France, donc il veut me rendre service, et il demande mon conseil : disons-lui que *cet ouvrage contient une foule d'erreurs* ; alors M. Renard prendra peur, et il exigera les frais d'impression, et l'Auteur en sera pour sa peine. Le calcul n'était pas mauvais, car on calcule fort bien à la Banque de France ; mais M. le Gouverneur en sera pour ses frais de génie.

Il me semble que M. d'Argout aurait agi bien plus loyalement s'il se fût borné à signaler quelques-unes des erreurs prises dans la foule dont il parle. Dieu me garde d'avoir l'intention le moins du monde de calomnier la Banque de France ! Le récit de ses faits et gestes est textuellement extrait du *Moniteur* ; à moins que cet impassible journal ne contienne *une foule d'erreurs* ; ma foi, je n'en suis pas responsable. Ce sera à M. d'Argout, s'il veut se donner la peine de rétorquer ou de faire rétorquer mon ouvrage, à rectifier *le Moniteur*, et à en faire disparaître cette *foule d'erreurs* dont il s'est servi comme d'un épouvantail auprès d'un libraire dont l'indiscrétion et la conduite sont inqualifiables.

§ I.

De la Caisse d'Escompte en 1789.

Les mêmes causes amènent nécessairement les mêmes effets. La révolution de 1789 fut amenée par un déficit dans nos finances, occasionné par les dilapidations de la cour. Celle du 24 février 1848 a la même origine, avec cette différence que le déficit est bien plus considérable, et qu'une infâme corruption, jointe à l'insatiable avarice du chef de l'État, en est le principe. Alors, comme aujourd'hui, on était aux expédients pour trouver les moyens de réparer nos désastres financiers; alors, comme la Banque de France, aujourd'hui,

1

la Caisse d'escompte avait obtenu de surseoir au payement en espèces de ces billets. Cependant le fameux ministre des finances de l'époque, Necker, se trouvait dans un cruel embarras : l'argent avait disparu, et il lui fallait une somme de cent soixante-dix millions dont la nécessité était urgente. Il proposa à l'Assemblée constituante l'établissement d'une Banque nationale. L'idée était essentiellement bonne, mais les conditions étaient matériellement mauvaises ; c'est-à-dire que ce n'était pas une Banque nationale proprement dite, mais la reconstitution de la Caisse d'escompte.

La Caisse d'escompte fut créée en 1776, sous le ministère de Turgot, par un simple arrêt du conseil. Cette Caisse avait pour mission d'escompter les effets de commerce au taux de 4 pour 100 d'intérêt. En 1783, la Caisse ayant fourni 20 millions au Trésor royal, et mis en émission une trop grande quantité de billets, le gouvernement lui accorda un arrêt de surséance au remboursement en espèces ; mais ayant été payée de ses avances, les fonds qu'elle avait en portefeuille étant rentrés, elle créa mille actions nouvelles (elles étaient de 4,000 livres), fit un appel de 500 livres sur les anciennes, et l'arrêt de surséance fut retiré en décembre de la même année.

Depuis cette époque, cet établissement s'est successivement accru, et, jusqu'au 17 août 1788, il a payé à bureau ouvert. Il se trouvait alors dans la caisse des fonds équivalents au quart des billets mis en circulation. Le même jour, les administrateurs eurent connaissance, par une affiche qu'ils trouvèrent à leur porte, d'un arrêt de surséance, rendu le 7 de ce mois. La caisse paya cependant un million par jour jusqu'au commencement de septembre suivant.

Necker, ayant succédé à l'archevêque de Sens, se fit prêter 15 millions contre rescriptions à un an de terme à 5 pour 100, qui lui furent versés contrairement au règlement qui défendait d'escompter des effets ayant plus de six mois d'échéance.

De nouveaux prêts furent encore faits à diverses époques, et un nouvel arrêt de surséance accordé à la fin de décembre.

Le 1er janvier 1789, les administrateurs prêtèrent 25 millions; quatre millions furent fournis par la caisse, sur le dépôt d'une somme égale en actions.

Le 1er avril, ils prêtent encore 10 millions; en septembre, 12 autres millions.

Il résultait, enfin, de tous ces prêts, que l'Etat devait à la Caisse d'escompte, fin décembre, une

…mme de 90 millions, et non 70, comme l'accusait Necker dans son projet. Il s'agissait de payer cette dette et d'emprunter 170 millions. Voici comment Necker entendait se tirer d'affaire.

§ II.

Plan de Necker.

La Caisse d'escompte sera transformée en Banque nationale. Le capital sera établi comme suit :

25 mille actions de la Caisse d'escompte	100 »
12 mille 500 actions nouvelles.	50 »
Création de billets au porteur.	240 »
	390 »

Emploi des fonds.

Dû par le Trésor, compris dans les 25 mille actions de la Caisse d'escompte. . . .	70 millions.
A prêter au Trésor à 4 p. 100. .	170 »
Pour les escomptes à faire à 4 pour 100.	80 »
Espèces en réserve.	70 »
	390 millions.

La nation devait garantir les 240 millions de

billets, sur lesquels on aurait apposé un timbre, autour duquel il devait y avoir inscrit *garanti par la nation*. Elle devait, en outre, garantir aux actionnaires un intérêt de 6 pour 100 par an, pour le plaisir de posséder les billets provenant des actions nouvelles, c'est-à-dire sur 50 millions.

Qui croirait que ce plan eut des partisans à l'Assemblée nationale? Il fallut que Mirabeau employât toutes les ressources de son éloquence pour en faire comprendre tout le vice et le ridicule.

Voici quelques passages du remarquable discours de Mirabeau :

« Quoi ! dit-il, nous érigeons en Banque natio-
» nale privilégiée une Caisse d'escompte que qua-
» tre années de surséances ont irrévocablement
» flétrie ! nous garantirons ses engagements ; nous
» laisserons étendre sur le royaume entier ses ra-
» cines parasites et voraces !

» Nous avons aboli les priviléges, et nous en
» créerons un du genre le moins nécessaire........
» Osons sentir que notre nation peut s'élever jus-
« qu'à se passer, dans l'usage de son crédit, d'inu-
« tiles intermédiaires. Osons croire que toute éco-
» nomie qui provient de la vente qu'on nous fait
» de ce que nous donnons n'est qu'un secret d'em-
» piriques. Osons nous persuader que, quelque bon

» marché qu'on nous fasse des ressources que nous
» créons pour ceux qui nous les vendent, nous
» pouvons prétendre à des expédients préférables,
» et conserver à nos provinces, à tous les sujets
» de l'empire, des facultés inappréciables dans le
» système d'une libre concurrence......

» Si la Banque d'Angleterre a eu des moments
» de crise, elle a su les cacher ; jamais elle n'ap-
» pela l'autorité à son secours ; pour en obtenir
» des délais, jamais elle ne s'est tachée par des ar-
» rêts de surséance.....

» Que de pénibles efforts, que de moyens in-
» certains et contradictoires pour donner à la Caisse
» d'escompte une nouvelle existence, pour rajeu-
» nir une vierge flétrie et décriée, pour l'unir in-
» dissolublement avec nos provinces, avec nos
» villes, qui ne la connaissent que par une répu-
» tation peu faite pour réparer une telle union !...

» S'il s'agissait de favoriser la dette publique,
» les provinces nous diraient que des billets de
» crédit, sortis du sein d'une caisse véritablement
» nationale, uniquement appropriée au service de
» la dette, sont l'institution la plus propre à rame-
» ner la confiance. Elles nous diraient que ces bil-
» lets faits avec discernement, et hypothéqués sur
» des propriétés disponibles, auraient un crédit

» d'autant plus grand, que les remboursements
» pourraient se lier à des dispositions locales, dont
» un établissement particulier et circonscrit dans
» son objet, est susceptible.

» S'il s'agissait de favoriser le commerce, les
» villes et les provinces nous demanderaient pour-
» quoi nous voulons les enchaîner à la capitale
» par une banque privilégiée, par une banque pla-
» cée au milieu de toutes les corruptions ? Que
» leur répondrions-nous pour justifier l'empire de
» cette banque, pour leur en garantir l'heureuse
» influence sur tout le royaume ? Leur montre-
» rions-nous, comme dans les entrepôts anglais,
» une république d'utiles négociants instruits à pe-
» ser les vrais intérêts du commerce, à les garan-
» tir de toute concurrence dangereuse ? La Seine
» réunit-elle à Paris, comme la Tamise à Londres,
» ses négociants par un vaste entrepôt, d'où les
» productions du globe puissent se distribuer dans
» toutes ses parties ? Vanterions-nous aux provin-
» ces les crises de la bourse, ces agitations perpé-
» tuelles que tant de honteuses passions entretien-
» nent, et que nous avons encore la folie de con-
» sidérer comme le thermomètre du crédit na-
» tional ?.....

» Dirons-nous que les statuts de la Caisse d'es-

» compte seront perfectionnés ? Eh ! on n'en ferait
» pas de plus sages ; vous serez étonnés des leçons
» de prudence qu'ils renferment ; tout y est prévu,
» et les embarras du gouvernement, et les crises
» politiques du royaume. C'est en les violant ar-
» ticle par article, ligne par ligne, mot à mot, que
» la Caisse d'escompte prétend nous avoir rendu
» des services essentiels, comme si ce qui faisait
» notre sûreté ne contribuait pas à la sienne,
» comme si ces services exigeaient la violation
» d'un régime destiné spécialement à fonder la
» confiance, comme s'il y avait de la générosité à
» répandre des billets, à les prêter même lors-
» qu'on est dispensé de les payer !..... »

En effet, d'après le plan de Necker, ces billets
devaient avoir cours forcé jusqu'à parfait payement par l'État des rescriptions mensuelles de dix
millions remises à la Caisse d'escompte. C'était déjà
la création d'un papier-monnaie au profit de la
Caisse d'escompte, à qui l'on proposait très-singu-
lièrement de servir des intérêts usuraires pour sa
peine de le mettre en circulation.

Mais c'est dans le paragraphe suivant de ce
même discours que Mirabeau s'élève à la plus
haute éloquence. Il attaque avec énergie les partisans de la Caisse d'escompte, qui prétendaient que

non-seulement elle avait rendu des services im-
portants, mais encore qu'elle avait amené la révolution et contribué à la conquête de la liberté.

« Écoutez les partisans de la Caisse d'escompte :
» on lui doit l'Assemblée nationale; on lui doit ses
» travaux; on lui doit la réunion des ordres, la
» déroute de l'aristocratie, les biens du clergé, en
» un mot tout ce dont l'esprit de liberté se glorifie.
» Les insensés! Nous sommes libres, parce qu'on
» n'a pas su sacrifier quelques millions, quand ils
» étaient nécessaires pour éviter la honte des ar-
» rêts de surséance (et combien ne coûte pas cette
» imprudente parcimonie!)! nous sommes libres,
» parce qu'on a prêté au gouvernement des billets
» qu'on ne payait pas! nous sommes libres, parce
» que les actionnaires de la Caisse d'escompte ont
» craint d'altérer leur dividende! nous sommes
» libres, parce qu'un établissement dont le premier
» devoir serait d'influer sur les changes n'en a
» pas eu ou l'intelligence ou le courage! Eh! si le
» despotisme eût été vainqueur, la Caisse d'es-
» compte ne se prosternerait-elle pas à ses pieds
» avec les mêmes titres qu'on ose nous étaler au-
» jourd'hui? M. l'archevêque de Sens et les minis-
» tres, qui, avant lui, ont puisé dans la Caisse d'es-
» compte, étaient-ils les amis de la liberté? Où

» trouveraient-ils donc des secours d'argent, sans
» lesquels on ne fait point des conspirations, eux
» qui, disposant des troupes, se sont si longtemps
» efforcés d'intimider la volonté nationale? Le peu-
» ple de Paris, qui a déployé tant de courage,
» était-il soudoyé par la Caisse d'escompte? En sup-
» posant que cette banque était l'unique source où
» pouvait puiser le trésor royal, n'était-ce pas le
» plus souvent pour soutenir la cause du despo-
» tisme aristocratique et ministériel? A quoi a-t-il
» tenu que le portefeuille de la Caisse d'escompte
» ne fût enseveli sous les ruines de la Bastille?
» Contre qui cette banque voulait-elle le mettre en
» sûreté quand elle a demandé au baron de Bre-
» teuil un ordre pour que ses fonds pussent y être
» déposés? Elle comptait bien plus alors sur la for-
» teresse que sur la valeur des citoyens. Les caisses
» d'escompte sont au service de ceux qui les
» payent. Voilà la vérité; et c'est manquer à cette
» assemblée que de lui parler de reconnaissance
» pour des services qui sont aux ordres de tout le
» monde... »

Ah! que Mirabeau connaissait bien les gens de
fortune! Les capitalistes sont une classe d'hommes
qui ne se vautrent que dans leur égoïsme; qui n'ont
d'autre but que le gain; qui ne songent à faire va-

loir leur argent que lorsque, disent-ils, l'ordre
règne, c'est-à-dire lorsque le peuple est opprimé
et qu'un despotisme quelconque triomphe ; ils ne
connaissent l'ordre qu'avec la seule liberté de gagner de l'or sans souci.

Je n'ai connu qu'un seul financier qui ai sacrifié
ses avantages de fortune à ses principes de libéra-
lisme, et encore il y a dans le cœur de l'homme
tant d'orgueil et de petitesse, que je ne serais pas
étonné que Laffite ait cédé au prestige aristocratique. On sait quelle puérile gloire il mettait à qua-
lifier à tout propos sa fille de Madame la Princesse,
parce qu'il l'avait donnée en mariage au prince de
la Moscowa, noble nouveau de la façon de l'Empereur. Laffitte, roturier, ne pouvait souffrir l'ancienne
noblesse ; de là sa haine pour la branche aînée, et
son dévouement à la branche cadette, de qui il espérait un blason malgré ses sentiments libéraux.
On dira peut-être que je calomnie, je n'y puis rien
faire, telle a toujours été mon opinion vis-à-vis de
Laffitte.

Cependant, le 20 décembre 1789, après de longs
débats sur le projet de Necker, qu'elle n'adopta pas,
l'Assemblée nationale décréta que la Caisse d'escompte, qui prouva que son effectif s'élevait à
102 millions, y compris les 90 millions qui lui

étaient dûs par l'État, continuerait d'émettre ses billets ayant cours forcé jusqu'au 1ᵉʳ juillet 1790, à laquelle époque elle serait tenue de payer à bureau ouvert, sous la condition d'un prêt au Trésor public d'une somme de 80 millions, qui, joints aux 90 millions déjà à elle dus, lui furent définitivement réglés en diverses rescriptions, dont la plus courte échéance était à quinze mois, Elle fut de plus autorisée à émettre 25 mille actions nouvelles. Elle se maintint jusqu'au 24 août 1790, que la Convention la supprima.

§ III.

Des Assignats.

La création de 1,200 millions d'assignats sur la caisse extraordinaire, tira le Trésor public d'embarras. Le décret de l'Assemblée nationale stipulait qu'il ne pourrait en être créé de nouveaux, ceux rentrés devant être brûlés, que sous la condition qu'ils ne pourraient excéder la valeur des biens nationaux ni se trouver au-dessus de 1,200 millions. Mais on se trouva si bien de cette ressource, et les besoins de nos guerres avec toute l'Europe en firent tellement sentir l'importance, qu'on finit par en user outre mesure, et que la France en fut inondée, à tel point qu'on en estimait la masse à 40 milliards, et que ce papier monnaie fut si déprécié, que le plus petit objet de consommation coûtait des sommes énormes. Voilà comment l'emploi des meilleures choses devient nuisible par l'excès.

Voici ce que Mirabeau disait le 18 octobre 1790 à Montesquieu, dans une lettre qui avait trait au prix de la fabrication des assignats :

« Une nation agricole peut moins qu'une autre, » peut-être, se passer du plus grand crédit ; il mo- » dère mieux que touté autre mesure l'intérêt de » l'argent ; et le bas intérêt est le plus sûr comme » le meilleur encouragement de l'agriculture....

» Puisque l'administration de nos finances est » débarrassée de cette mortelle inaction où je ne » sais quel respect d'écolier nous entraînait, hâtez- » vous de vous accorder sur un mouvement vrai- » ment générateur qui produise un ordre de choses » digne enfin de notre administration des finances, » et qui fasse disparaître ce ténébreux labyrinthe, » ce gouffre sans fond où tant de coupables et igno- » rants ministres ont si souvent perdu ou dissipé » nos moyens de force et de prospérité.

» Qu'avons-nous gagné au changement ? est

» une question que les ennemis de la constitution
» voudraient bien nous préparer ; et ils savent trop
» combien cette question peut naître du désordre
» des finances, fruit nécessaire d'une comptabilité
» à laquelle une mauvaise organisation interdisait
» la sévérité..... »

Ne dirait-on pas que ces réflexions sont écrites d'hier, et ne pourrait-on pas tenir aujourd'hui un pareil langage ? Pourquoi n'imiterions-nous pas nos pères, qui, certes, n'ont manqué ni de génie ni d'intelligence, puisque nous nous trouvons dans les mêmes conditions ?

On a beau se faire un épouvantail du papier-monnaie, je défie qu'on conteste que cette mesure extrême n'ait pas été le seul salut de la France. L'argent avait disparu, emporté par l'émigration des nobles et des riches ; le trésor public était à sec ; il ne restait dans tout le royaume que de pauvres vassaux nouvellement affranchis. La situation était désespérante. Heureusement que le clergé et la noblesse n'avaient pu emporter leurs biens. Ce furent des gages qui valaient plus que l'argent même ; alors, pour nous sauver, il n'y eut que la Providence qui pût inspirer le remède à nos maux, le papier-numéraire hypothéqué sur ces propriétés, que leurs lâches maîtres avaient délaissées, remède héroïque qui nous valut le triomphe de nos armes et l'extinction de la guerre civile.

Sans doute notre crise n'est pas aussi violente que celle de la première révolution. L'argent s'est bien resserré, il est vrai, parce que le capitaliste en général n'est pas patriote; s'il n'y a point émigration des personnes, il y a néanmoins émigration d'espèces et complot légitimiste et régentiste pour rendre impossible l'établissement de la république; mais du moins le numéraire ne s'est point complétement évanoui. La propriété a été tellement divisée, qu'un peu d'argent circule encore entre les mains du petit propriétaire. C'est donc dans l'intérêt du commerce et de l'industrie qu'il faut suppléer à sa rareté; et l'on ne le pourra de manière à inspirer la confiance que par les mesures que je me suis engagé à indiquer en entreprenant de rédiger cet exposé, et qu'on trouvera dans les dernières pages de cet ouvrage. Si elles n'obtiennent pas l'assentiment général, je consens à passer pour un utopiste et un rêveur. Il y a trop longtemps que je m'occupe de finances pour que je n'aie pas acquis quelque expérience sur cette matière et pour que je me fasse illusion.

§ IV.

Du manque de numéraire ; et de la nécessité de son représentatif.

Les uns disent que le crédit remplace le numéraire, d'autres prétendent qu'avec le crédit on pourrait se passer de numéraire. Ce sont des erreurs, le numéraire est l'âme de toutes les transactions, le crédit ne sert qu'à les rendre plus considérables à jour fixe. Le crédit est toujours en rapport avec le numéraire qui existe dans un pays ; plus il y a de numéraire, plus il y a de crédit. Si j'achète pour 2,000 f. de marchandises à l'échéance de trois mois, il faut bien qu'à cette époque je trouve 2,000 fr. d'espèces pour pouvoir payer. Plus le signe d'échange est commun, plus les échanges sont nombreux. Le crédit n'est qu'une surséance de payement ; c'est la confiance qui l'accorde ; et c'est l'abondance du numéraire qui donne la confiance.

Il est incontestable que la position financière, industrielle et commerciale était, le lendemain de la révolution de février, la même que la veille. Comment se fait-il que tout d'un coup toutes les valeurs se sont dépréciées ; que les rentes sont tombées de plus de moitié, et que les ateliers ont été fermés ? Certes, ce n'est pas le renversement du trône et l'exclusion d'une famille qui peuvent être les seules causes de ces résultats désastreux. En vain les ennemis de la république attribuent à son avénement notre situation financière, c'est une odieuse calomnie, le mal existait; il n'y a qu'un régime de liberté qui puisse tout réparer et donner au crédit les véritables et seules bases qu'il puisse avoir. Quelle est donc la source de la crise actuelle? C'est d'abord parce qu'on a mis à nu le bilan de nos finances et le déficit énorme qu'il présentait; c'est que les fonds des bons du Trésor et des Caisses d'épargne avaient été dépensés jusqu'au dernier sou, et qu'il ne restait plus rien pour faire face aux remboursements. Puis la proclamation de la République jeta l'épouvante parmi les capitalistes, qui s'imaginèrent voir la venue d'un nouveau 93, et s'empressèrent de retirer leur argent des mains de leurs dépositaires pour le cacher ou l'envoyer à l'étranger. Si on n'eut pas peur d'une guerre extérieure, on eut peur de la guerre civile. Si ce ne fut point une émigration générale des riches, ce fut une émigration d'écus dont il n'est resté en circulation que la portion nécessaire pour se procurer les objets de consommation absolument indispensables. La production industrielle dût s'arrêter faute de capitaux; de là l'inoccupation forcée d'une masse de travailleurs jetés sur le pavé, et que cependant il fallait bien nourrir. On a blâmé la création des ateliers nationaux qu'on payait pour ne rien faire; mais à quel usage aurait-on pû employer les ouvriers fabricants des articles de Paris qui sont si variés? A bâtir. Mais la plupart des ouvriers ne sont pas maçons. On aurait dû, dit-on, avancer de l'argent aux patrons de tous les états, qui, alors, auraient réintégré les ouvriers dans leurs ateliers; c'est fort bien, mais les patrons auraient dit : Que ferons-nous de nouvelles marchandises? nos magasins en sont pleins; donnez-nous des débouchés. Il ne faut pas se le dissimuler, le commerce était dans une stagnation complète avant la révolution, sans cela elle n'aurait pas eu lieu. Un grand nombre d'ouvriers était déjà alors sans moyens d'existence.

Lorsqu'on a créé les ateliers nationaux, on a cru que cette mesure ne serait que temporaire. On a compté sur le patriotisme des capitalistes, et on s'est imaginé que les affaires reprendraient leur cours ordinaire. C'était peu connaître ce dont peut être capable l'esprit des partis qui divisent la France,

Il est encore temps de porter remède à cet état

de choses. Le citoyen Caussidière, dans son langage logique, plein de bon sens et à la portée de toutes les intelligences, propose la colonisation d'Alger, le défrichement des terres incultes et des primes pour l'exportation ; mais ce ne sont pas seulement des primes qu'il faut accorder, il faut supprimer les droits de douane pour toutes les matières premières.

Ce seraient sans doute là de bonnes mesures ; mais pour qu'elles soient efficaces, il faut de l'argent, non-seulement pour l'État, mais pour les fabricants et pour les exportateurs ; or, c'est l'argent qui manque par suite du retrait qui en a été fait par les malintentionnés et les peureux. N'eût-il pas même disparu, celui qui existe en France n'est pas suffisant pour satisfaire à toutes les nécessités du commerce, de l'industrie et de l'agriculture, et je le prouve.

On estimait, avant la Révolution, la masse de numéraire qui existe en France à deux milliards et demi; c'est donc pour chacun des 36 millions d'habitants, une somme d'environ 70 fr. qu'il possède et qu'il faut qu'il utilise pour pouvoir vivre. Supposons qu'il achète journellement pour cette somme de la marchandise et qu'il la vende immédiatement avec un bénéfice de 5 pour cent, il gagnera par jour 3 fr. 50 c. Il se fera donc un revenu de 1,277 fr. 50 c. Mais, dira-t-on, au moyen du crédit, il fera beaucoup plus d'affaires et il gagnera davantage. Je dis que non ; car, qu'il opère chaque jour au comptant pour une petite somme ou pour une plus forte, payable dans trois mois ou six mois, son gain ne sera pas plus grand, parce que le crédit est toujours en proportion de ce qu'on possède. Ainsi le possesseur d'une somme de 70 fr. ne peut espérer faire que 70 fois 365, ou 25,550 fr. d'affaires, qui, à 5 pour cent net de bénéfice, lui donneront les 1,277 fr. 50 c. ci-dessus. On objectera encore qu'il y a des gens qui, sans rien posséder et au moyen du crédit, gagnent leur vie ; sans doute, mais c'est au moyen des 70 fr. des prêteurs augmentés des portions de beaucoup d'autres, car il faut nécessairement que les prêteurs aient des capitaux. L'ouvrier qui, sans rien posséder, reçoit un salaire, se trouve dans le même cas ; celui qui l'emploie est propriétaire de plusieurs portions de 70 fr. qu'il fait valoir, et au moyen desquelles il peut payer un salaire à l'ouvrier,

On comprend que les produits des diverses portions des 70 fr. n'augmente pas la masse du numéraire ; ils sont pris sur la masse et rentrent dans la circulation par la dépense de chacun.

Le crédit ne peut exister sans numéraire, car enfin il a un terme, et il faut payer à son échéance. Donc le crédit est en proportion du numéraire.

Chaque habitant pourrait donc vivre absolument des 1,277 fr. 50 c. de revenu qu'il se ferait avec sa quote-part de numéraire, utilisé comme nous l'avons dit, mais malheureusement il n'en est pas ainsi. Il y a des citoyens qui se font des revenus énormes aux dépens des 70 fr. de capital qui reviendrait à chacun, si le partage était fait également, chose qui ne saurait exister seulement vingt-quatre heures.

Si donc deux milliards et demi de numéraire, aidé d'un crédit proportionnel, ne donne pour chaque habitant que 1,277 fr. 50 c., terme moyen, ce numéraire n'est pas suffisant, à plus forte raison aujourd'hui qu'il n'y en a pas pour un milliard en circulation, ce qui ne donnerait que 511 fr. de revenu pour chaque citoyen.

Comment veut-on que le commerce, l'industrie et l'agriculture puissent marcher en France avec un milliard de numéraire? On dit que l'Angleterre n'en possède qu'un milliard, encore presque tout en or. Que lui importe! elle possède un papier de banque en qui elle a pleine confiance, et qui fait pour elle l'office de tout l'or du monde. C'est donc

une monnaie de papier qu'il nous faut. J'indique-
rai plus loin comment il doit être créé pour
qu'il obtienne la même confiance que le papier anglais.

§ V.

De l'Origine de la Banque de France.

La Caisse d'escompte fut supprimée par la Convention comme inutile en présence des assignats,
et comme incapable de rendre aucun service ; d'ailleurs il fut reconnu que cette caisse était devenue
un antre infernal d'agiotage. Les scellés y furent
apposés.

Pendant près de trois ans il ne fut nullement
question de fonder une nouvelle Banque publique.
Ce ne fut que le 8 ventôse an iv, que le Corps législatif annonce au conseil de Cinq-Cents qu'une
grande association commerciale veut se former
pour faciliter le Trésor, soutenir le crédit des assignats et relever le crédit public ; il offre de lui
passer la vente de l'ancienne mairie, rue Neuve-
des-Capucines. Cette proposition fut rejetée, après
avoir entendu Bentabolle et Lefranc, qui s'expri-
mèrent ainsi :

Bentabolle. « Je ne suis point séduit par la com-

» paraison qu'on a voulu établir. On nous dit que
» des Banques ont été établies à Londres, à Ams-
» terdam, dans les États-Unis ; mais à l'époque où
» ces Banques l'ont été, les gouvernements qui les
» ont autorisées étaient-ils dans une situation sem-
» blable à la nôtre ? Les circonstances étaient-elles
» les mêmes ? Avaient-ils un papier national ?

» Ici, je demande à tout homme de bonne
» foi, ne vaut-il pas mieux chercher tous les moyens
» de relever le crédit de notre papier républicain,
» que de lui substituer le papier de quelques par-
» ticuliers ?

» A-t-on bien examiné les inconvénients atta-
» chés à cette émission d'une nouvelle monnaie ?
» Ne craint-on pas qu'elle n'achève la ruine de
» celle dont le gage est assis sur la loyauté na-
» tionale ? »

Lefranc : « Il faut dire la vérité. On veut vous
» faire approuver une mesure nouvelle. Rassurez
» les citoyens jusqu'au moment où il aura été clai-
» rement démontré qu'elle est utile. On parle de
» restaurer le crédit public ! a-t-on prouvé que
» cette opération n'achèvera pas de le ruiner ?
» a-t-on prouvé qu'elle n'était pas le résultat de ce
» système longtemps suivi, qui n'a amené la chûte
» des assignats que pour forcer la main au Corps

» législatif, et le contraindre à consentir à la for-
» mation d'une Banque? »

Il est certain que si, à cette époque, on eût autorisé l'établissement d'une Banque avec faculté
d'émettre un papier convertible à volonté en espèces, c'en était fait de la fortune des détenteurs
d'assignats. C'eût été une débâcle générale au profit des agioteurs capitalistes qui provoquaient cette
funeste mesure. Lefranc avait parfaitement raison
de signaler ce dangereux système qu'il tardait aux
financiers de réaliser, et pour le succès duquel ils
vinrent plusieurs fois à la charge; mais leur per-
sistance ne devait avoir de réussite que quatre ans
plus tard.

Le 20 du même mois de ventôse an IV, Defer-
mont renouvela cette proposition, qui n'eut pas
plus de succès.

Le 19 frimaire an V, les députés du commerce
s'étant réunis au ministère des finances, le ministre exposa que l'objet de la réunion avait pour
motif l'établissement d'une Banque entièrement
indépendante du gouvernement. Les 21 et 22, le
conseil se forma en comité général pour délibérer
sur les moyens de favoriser cette Banque.

Le 9 nivôse de la même année, l'assemblée des
commerçants, après avoir examiné plusieurs plans

présentés par le ministre, crut devoir proposer :
1° que le gouvernement prendrait l'engagement
de ne jamais s'immiscer dans les opérations de la
Banque, ni s'en approprier les fonds, ni se servir
de son papier; 2° qu'il lui serait fait cession et
abandon de biens fonds ou de valeurs certaines
que l'on pût réaliser dans un délai de six mois, de
manière que ces biens et ces valeurs fussent tellement à la disposition de la banque, tellement sa
propriété, que qui que ce soit n'eût le droit d'y
rien prétendre, ni d'en demander compte. A ces
conditions, la Banque émettrait sur-le-champ un
papier revêtu des signatures qui mériteraient le
plus de confiance, et les plus propres à rétablir le
crédit; 3° elle serait composée d'un nombre indé-
terminé d'actionnaires qui choisiraient un petit
nombre d'administrateurs. Il serait fait un règlement. Une clause serait, *sinè quâ non*, le rétablisse-
ment de la contrainte par corps.

Enfin, le 1er pluviôse, les députés extraordinaires
du commerce écrivirent une longue lettre au ministre des finances, dans laquelle ils développaient
à leur manière les avantages de l'institution d'une
Banque pour favoriser le commerce, et qui se ter-
minait ainsi :

« Quand toutes les traces du système révolu-

» tionnaire seront anéanties, quand le commerce
» sera affranchi des entraves dont il est encore
» surchargé, quand la stabilité des lois lui aura
» permis de reprendre son essor, la confiance naî-
» tra bientôt de son succès.

» Nous ne pouvons donc vous dissimuler, ci-
» toyen ministre, que la réussite de l'établissement
» d'une Banque ne nous paraît pas possible dans
» les circonstances actuelles; que l'absence de la
» confiance publique est une des principales causes
» qui s'opposeraient à ses succès, et qu'il nous pa-
» raîtrait à craindre qu'une mesure précipitée ne
» détruisît d'avance les heureux effets qu'on pourra
» en obtenir par la suite. »

Voilà donc le patriotisme des capitalistes mis
entièrement à nu. Vous dites que l'institution d'une
Banque serait utile au commerce, et vous y renon-
cez, à cause de l'absence de la confiance publique.
Eh ! qui peut la faire renaître, la confiance publique, si ce ne sont les détenteurs de la fortune ?
Vous refusez d'employer vos capitaux pour rame-
ner le crédit, parce que le système révolutionnaire
vous déplaît ; c'est le despotisme qu'il vous faut :
vous n'allez pas tarder à être satisfaits, et alors
nous allons vous voir tenir un autre langage. Tels
étaient les capitalistes de cette époque, tels ils sont

encore aujourd'hui. Ils pensent et agissent à cette heure comme ils pensaient et agissaient dans ce temps-là. Mais puisque la confiance publique peut, d'après leur dire, reparaître sans leur intervention; puisqu'ils attendaient sa renaissance pour engager leurs capitaux, sachons l'attendre comme eux, et nous passer de leurs services. Certes, nous le pouvons, et j'en fournirai les moyens.

Le 17 pluviôse an VII, le citoyen Rouen, notaire, adresse au conseil des Cinq-Cents un mémoire pour l'établissement d'une *Banque française* que plusieurs citoyens se proposent de former à Paris.

Le Conseil renvoie ce mémoire à une commission.

Le 30 pluviôse an VII, le citoyen Gabion, notaire, fait hommage au conseil d'un plan de banque, sous la dénomination de *Caisse de Propriétaires.* Il est renvoyé à la même commission.

Le 4 ventôse an VII, après avoir démenti le bruit de la réapparition du papier-monnaie, que l'annonce de la création d'une Banque avait fait courir, et démontré la nécessité de suppléer à la rareté du numéraire par des billets qui en seraient le représentatif, Bailleul demande au conseil des Cinq-Cents qu'il soit fait un rapport sur les pétitions y relatives.

Le 7 ventôse an VII, le citoyen Monier, homme

de loi, présente un projet de Banque de crédit public. Un des articles porte que les opérations de la Banque ne pourraient être faites qu'en échange de valeurs réelles, et qu'il ne pourra jamais être mis de billets en circulation qu'en proportion égale à ces mêmes valeurs réelles, ce qui n'était guère exécutable. Renvoi également à la commission, qui ne se pressait pas de faire le rapport demandé.

Ce ne fut que le 28 nivôse an VIII que les capitalistes, en tête desquels se trouvait le fameux banquier Perrégaux, ayant reconnu que le 18 brumaire venait de donner à la France un maître, sous lequel le crédit et la confiance ne pouvaient que reparaître, eux aidant, obtinrent du premier Consul que la maison de l'Oratoire et la ci-devant église qui en faisait partie seraient mises à la disposition du ministre des finances pour servir à l'établissement d'une Banque, qui serait dénommée Banque de France, titre ambitieux auquel on n'a point fait honneur, puisque pendant de longues années les opérations de cette Banque n'ont été faites que pour quelques privilégiés de Paris.

Par un autre arrêté du même jour, tous les fonds que recevra la caisse d'amortissement seront versés à la Banque de France, et une partie des cautionnements sera convertie en actions.

Ce fut par de pareils actes que Bonaparte annon-
çait qu'il avait cessé d'être républicain, si toutefois
il l'a jamais été. Le règne des priviléges venait de
recommencer, et l'on pouvait déjà présager la venue de l'empire, la résurrection des titres, des
distinctions et de la noblesse.

Le 1er ventôse an VIII, la Banque de France, après
s'être définitivement constituée, commença ses
opérations; et le 6, le citoyen Lecouteulx, président provisoire de la régence, présenta au premier Consul les statuts de la Banque, et lui tint ce
discours, les deux autres Consuls étant présents :

« Les citoyens qui se sont réunis pour fonder la
» Banque de France, ont dit que la nation fran-
» çaise, favorisée avec les plus grands efforts pour
» la conquête de la liberté, ne devait pas se laisser
» opprimer par les circonstances qui ont altéré le
» crédit public et ralenti la circulation.

« Dans ce peu de mots, vous avez dû reconnaître,
» citoyen Consul, que nous voulons répondre à la
» voix de notre premier magistrat, et vous devez
» vous dire que ce ne sera pas en vain que vous
» vous êtes promis d'appeler tous les Français à
» tous les genres de gloire.

» La culture dans ses productions, le travail dans
» ses efforts, l'industrie dans ses ressources, ont

» en France des moyens, une force politique qui
» est aujourd'hui inconnue.

» Il fut un temps où aussi on méconnaissait notre
» force militaire. Il appartient à celui qui, sous
» ce rapport, a contribué si puissamment à nous
» rendre avec éclat le caractère imposant d'une
» nation guerrière, de faire connaître que cette
» nation est aussi appelée à se faire admirer et res-
» pecter par les effets d'une bonne économie poli-
» tique et d'une saine administration.

» Les Français ont déjà un des moyens les plus
» puissants d'atteindre à cette nouvelle gloire, c'est
» la confiance générale qu'a obtenue le nouveau
» gouvernement, et j'ose dire, citoyen Consul, que
» la réunion des citoyens qui se sont empressés de
» s'intéresser dans la Banque de France, est une
» des preuves les plus réelles que cette confiance
» existe. Elle annonce la sécurité individuelle, la
» sûreté des propriétés, la stabilité des fortunes,
» et l'encouragement qui se répand dans le com-
» merce pour de grandes et honorables entre-
» prises.

» C'est donc, citoyen Consul, un hommage digne
» de vous, digne des destinées auxquelles vous
» êtes appelé, que celui de nos statuts.

» Nous mettons ces statuts sous l'égide de l'au-

» torité qui vous a été confiée pour la défense de
» notre liberté politique et civile.

» Magistrats suprèmes, qui avez été placés par
» la constitution et le vœu de tous les Français à
» la tête du gouvernement, donnez votre appui à
» ceux dont vous avez secondé les premiers efforts
» par des dispositions utiles et honorables. Recevez
» la promesse que vous font les régents et les cen-
» seurs de la Banque de France, de n'avoir jamais
» d'autre but dans leurs travaux et leur vigilance
» que la plus grande utilité publique, et d'autre
» ambition que celle de consacrer par un monu-
» ment durable la révolution du 18 brumaire. »

Ce galimatias aurait mérité que le premier Consul tournât le dos à l'orateur.

Il paraît que ces mêmes financiers, qui redou-
taient tant le système révolutionnaire, avaient jugé
que le 18 brumaire en était la fin ; que la confiance
était revenue, et que c'était le moment de gagner
de l'argent et d'acquérir *ce genre de gloire*, puisqu'ils
consentaient à exposer quelques mille francs. Il
paraît aussi que leur confiance n'était pas bien
grande, puisqu'ils n'émettaient que pour 30 millions d'actions à 1,000 fr. chacune, tandis que la
Caisse d'escompte en avait pour 100 millions de
4,000 fr. l'action ; mais ils ne voulaient qu'a-

venturer le moins de capitaux possible, et ils comptaient sur une création de billets au moins quatre fois plus forte. L'opération était infaillible ainsi qu'ils entendaient la conduire; mais aussi elle ne devait profiter qu'à eux et aux gros capitalistes, bien qu'on faisait entendre qu'elle n'était montée qu'en vue de l'intérêt du commerce, qui, en définitive, en fit tous les frais; on en peut juger d'ailleurs par la force des dividendes qui ont été distribués, et par la hausse des actions qui a atteint jusqu'au chiffre de 3,400 fr.

§ VI.

Des Statuts de la Banque de France.

Je place ici sous les yeux du lecteur ces fameux statuts de la Banque de France, qui durent paraître favorables alors, et qui auraient pu l'être s'ils eussent été fidèlement suivis et respectés.

« Les soussignés, considérant que, par le résultat
» inévitable de la révolution française et d'une
» guerre longue et dispendieuse, la nation a
» éprouvé le déplacement et la dispersion des ca-
» pitaux qui alimentaient son commerce, l'altéra-
» tion du crédit public et le ralentissement de la
» circulation de ses richesses ;

« Que, dans des circonstances semblables, plu-
» sieurs nations ont conjuré les mêmes maux et
» trouvé de grandes ressources dans des établisse-
» ments de banque ;

» Que la nation française, favorisée par les plus
» grands efforts dans la conquête de la liberté, ne
» doit pas se laisser opprimer plus longtemps par
» des circonstances qu'il est en son pouvoir de maî-
» triser ;

» Qu'enfin l'on doit attendre que l'intérêt privé et
» l'intérêt public concourront d'une prompte et puis-
» sante manière au succès de l'établissement projeté ;

» Ont résolu et arrêté les articles suivants,
» comme statuts fondamentaux d'une banque. »

On voit par ce préambule que les financiers ne
dissimulaient pas le regret de voir les capitaux dé-
placés et sortis par conséquent des mains de leurs
anciens possesseurs; que leur but était de les y
faire rentrer, et de créer une nouvelle aristocratie,
l'aristocratie financière, qui devait peser sur le
peuple bien plus lourdement que celle de la noblesse, et dont il serait difficile, pour ne pas dire
impossible, de s'affranchir.

« Article 1ᵉʳ. Il sera établi une Banque publique,
» sous la dénomination de Banque de France. Les
» fonds en seront faits par actions.

» Art. 2. Les opérations de la Banque de France
» commenceront le 1ᵉʳ ventôse an VIII.

» Art. 3. L'établissement ne se dissoudra que
» par le vœu de ses actionnaires réunissant plus
» des trois quarts en somme du capital.

» Art. 4. Le fonds capital de la Banque de France
» sera de 30 millions de francs en monnaie métal-
» lique. Il sera divisé en trente mille actions de
» 1,000 francs chacune.

» Les actions de la Banque peuvent être acquises
» par des étrangers.

» Le fonds capital pourra être augmenté par la
» suite, mais seulement par la création de nou-
» velles actions.

» Tout appel de fonds sur les actionnaires est
» prohibé.

» Art. 5. Les opérations de la Banque consistent :

» 1° A escompter des lettres de change et billets
» à ordre revêtus de trois signatures de citoyens
» français ou de négociants étrangers ayant une
» réputation notoire de solvabilité ;

» 2° A se charger, pour le compte de particu-
» liers et pour celui des établissements publics, de
» recouvrer le montant des effets qui lui seront
» remis, et à faire des avances sur les recouvre-

» ments de ces effets, lorsqu'ils lui paraîtront cer-
» tains ;

» 3° A recevoir en comptes courants tous dépôts
» et consignations, ainsi que les sommes en numé-
» raire et effets qui lui seront remis par des parti-
» culiers ou établissements publics, à payer pour
» eux les mandats qu'ils tireront sur la Banque, ou
» les engagements qu'ils auront pris à son domi-
» cile, et ce jusqu'à concurrence seulement des
» sommes encaissées à leur profit ;

» 4° A émettre des billets payables au porteur et
» à vue, et des billets à ordre à un certain nombre
» de jours de vue. ·

» Ces billets seront émis dans des proportions
» telles, qu'au moyen du numéraire réservé dans
» les caisses de la Banque et des échéances du pa-
» pier de son portefeuille, elle ne puisse dans aucun
» temps être exposée à différer le payement de ses
» engagements au moment où ils lui seront présentés ;

» 5° A ouvrir une caisse de placements et d'é-
» pargnes, dans laquelle toutes sommes au-dessus
» de 50 francs seraient reçues pour être rembour-
» sées aux époques convenues.

» La Banque payera l'intérêt de ces sommes ; elle
» en fournira ses reconnaissances au porteur ou à
» ordre.

» La Banque s'interdit toute espèce de commerce
» autre que celui des matières d'or ou d'argent.

» ART. 6. La Banque refuse d'escompter :

» 1° Les effets dérivant d'opérations qui paraî-
» traient contraires à la sûreté de la république;

» 2° Les effets qui résulteraient du commerce in-
» terlope;

» 2° Les effets dont l'origine serait suspectée
» être de mauvaise foi;

» 3° Les effets créés collusoirement entre les si-
» gnataires sans cause ni valeur réelles. » (Les autres articles concernant l'organisation administrative, nous ne les citons point, n'y attachant aucun
intérêt.)

Je le demande à tout homme de bonne foi,
est-il une seule de ces clauses qui n'aient été ou
violées, ou étendues, ou restreintes, ou non
exécutées suivant les convenances et l'intérêt
privé de la Banque? c'est ce que je démontrerai
plus tard.

Lors du compte-rendu en assemblée générale,
le 10 vendémiaire an x, il fut décidé que les actionnaires seuls seraient autorisés à doubler tout ou
partie de leurs actions au taux de 1,060 francs,
cours du jour.

Une loi du 24 germinal an xi apporta quelques

correctifs aux précédents statuts ; elle disait :

« ARTICLE Ier. L'association formée à Paris sous le
» nom de Banque de France, aura le privilége
» exclusif d'émettre des billets de banque aux con-
» ditions énoncées dans la présente loi.

» ART. II. Le capital de la Banque de France sera
» de quarante-cinq mille actions de 1,000 francs cha-
» cune, valeur métallique, en fonds primitifs, et
» plus du fonds de réserve.

» ART. III. Les actions de la Banque seront re-
» présentées par une inscription nominale sur les
» registres ; elles ne pourront être mises au por-
» teur.

» ART. IV. La moindre coupure des billets de la
» Banque sera de 500 francs.

» ART. V. (Comme aux statuts.)

» ART. VI. L'escompte sera perçu à raison du
» nombre des jours à courir, et même d'un seul
» jour s'il y a lieu.

» ART. VII. La qualité d'actionnaire ne donnera
» aucun droit particulier pour être admis aux es-
» comptes de la Banque (1).

» ART. VIII. Le dividende annuel, à compter du
» 1er vendémiaire an XIII, ne pourra excéder 6 p. 100

(1) Le transfert pur et simple des actions équivaut à la troisième
signature exigée pour les effets à escompter.

» pour chaque action de 1,000 francs ; il sera payé
» tous les six mois (1).

» Art. ix. Les 5 p. 100 consolidés acquis par la
» Banque seront inscrits en son nom, et ne pour-
» ront être vendus sans autorisation pendant la du-
» rée de son privilége.

» Art. x. L'universalité des actionnaires sera
» représentée par deux cents d'entre eux, qui,
» réunis, formeront l'Assemblée générale de la
» Banque.

» Art. xi. Les deux cents actionnaires qui com-
» poseront l'Assemblé générale seront ceux qui,
» d'après la revue de la Banque, seront constatés
» être depuis six mois révolus les plus forts pro-
» priétaires de ses actions ; l'actionnaire le plus
» anciennement inscrit sera préféré, etc., etc.

» Art. xxviii. Le privilége de la Banque lui est
» accordé pour quinze années, à dater du 1ᵉʳ ven-
» démiaire an xii jusqu'au 22 septembre 1828.

» Art. xxxiii. Aucune opposition ne sera admise
» sur les sommes en comptes-courants dans les
» banques privilégiées. »

La loi du 22 avril 1806 proroge le privilége de
la Banque de vingt-cinq ans, élève le capital à qua-

(1) Le bénéfice excédant le dividende annuel de 6 pour cent sera
converti en fonds de réserve, lequel sera placé en 5 pour cent consolides.

tre-vingt-dix mille actions, et augmente le dividende, en sus des 6 p. 100, des deux tiers des bénéfices restant ; l'autre tiers formera la réserve, qui
sera placée comme la Banque le décidera.

L'Empereur, par un décret du 16 janvier 1808,
ajouta aux précédents statuts :

Que le capital serait de quatre-vingt-dix mille
actions de 1,000 fr. chacune, et de plus d'un droit
d'un quatre-vingt-dix centième sur le fond de réserve ;

Que ces actions pourront faire partie des biens
formant la dotation d'un titre héréditaire ;

Que la Banque escompterait à toute personne, etc.;

Qu'il sera pris des mesures pour que les avantages résultant de l'établissement de la Banque de
France se fassent sentir au petit commerce de Paris, et qu'à dater du 15 février prochain, l'escompte
sur deux signatures, avec garantie additionnelle
qui se fait par un intermédiaire quelconque de la
Banque, n'ait lieu qu'au même taux que celui de
la Banque elle-même, etc., etc.

Le 30 janvier 1808, un avis de l'administration
de la Banque prévient qu'à partir du 1ᵉʳ février, les
commerçants de *toutes classes* qui auront rempli les
conditions voulues par les statuts sont admis dans

ses bureaux à l'escompte, sur le pied de 4 pour 100 par an.

Enfin, la loi du 15 mai 1834 fixe la réserve à 10 millions, autorise la Banque à prêter sur tous effets français n'ayant pas d'échéance fixe. Les actionnaires d'actions immobilisées seront tenus de faire la déclaration à la Banque qu'ils veulent rendre à ces actions leur quotité d'effets mobiliers.

Tel est le détail des statuts de la Banque de France, et des différents changements qui y ont été faits ; nous verrons plus loin comment ils ont été exécutés.

§ VII.

Opérations de la Banque de France.

La loi du 22 avril 1806 ayant mis à la tête de la Banque de France un gouverneur et deux sous-gouverneurs, voici l'extrait du discours que M. Crétet, conseiller d'État, nouvellement élu gouverneur, prononça en assemblée générale le 13 mai de cette année.

« La Banque, dont les commencements furent » si faibles, a rapidement acquis un accroissement » de puissance et d'utilité qu'il était difficile d'es-» pérer, à raison des circonstances peu favorables

» qui présidèrent à sa naissance. Renfermée pen-
» dant trois ans dans les limites étroites d'un éta-
» blissement privé, simplement reconnu par le
» gouvernement, elle eut à lutter contre la con-
» currence de plusieurs établissements qui lui dis-
» putaient et se disputaient entre eux le crédit et
» la confiance, et dont la multiplicité rendait im-
» possible le développement d'une véritable banque.

» La loi du 24 germinal an XI fit cesser cette
» confusion, et la Banque de France reçut le pri-
» vilége exclusif d'émettre des billets à vue et au
» porteur. Elle a pris dès lors un caractère plus
» étendu ; l'augmentation de son capital, porté à
» 45 millions, a permis l'accroissement de ses af-
» faires ; mais des circonstances extraordinaires
» l'ont surprise dans cet état, et la Banque, entraî-
» née hors de ses règles et des mesures d'une pru-
» dence absolue, s'est vue réduite à l'extrémité la
» plus fâcheuse, celle de suspendre momentané-
» ment ses payements en numéraire.

» Les effets que cet événement a produits sur le
» crédit public et celui du commerce sont deve-
» nus un avertissement salutaire. On a cru que
» désormais la Banque devait être préservée des
» retours de toute erreur qui pourraient compro-
» mettre son crédit, et qu'il fallait le mettre sous

» le régime de la loi, et sous la garde d'une admi-
» nistration comptable envers l'autorité publique
» de l'exécution de cette même loi. »

Après avoir cherché à faire comprendre que la
Banque ne doit pas se borner à de simples escomptes du papier privé du commerce, que le but
de son institution doit être plus large, et qu'elle
doit être continuellement en rapport avec le Trésor, dont les valeurs offrent bien plus de garantie
que celle que les signatures les plus solides peuvent recommander, puisqu'elles sont assises sur les
contributions publiques, et que, pour faciliter ces
grandes opérations, les actions de la Banque doivent être doublées, et portées à 90 millions, le
gouvernement ajoute :

« Que dire sur les terreurs passagères que l'a-
» veuglement, les préjugés ou l'ignorance pour-
» raient répandre sur l'espèce d'alliance que la
» Banque contracterait avec le trésor public, en ce
» que le gouvernement pourrait, à certaines épo-
» ques, solliciter, en faveur de ses besoins, l'exa-
» gération de l'émission des billets de la Banque ?

» Voudrait-on supposer que, dans des temps
» plus éloignés, tous les principes pourraient être
» tellement oubliés, qu'un gouvernement violent,
» ou mal éclairé sur ses véritables intérêts, tente-

» rait de convertir en papier-monnaie forcé le pa-
» pier libre de la Banque? Mais une telle époque
» serait une de ces grandes calamités dans les-
» quelles tous les genres de propriétés seraient
» aussi exposés que celle de la Banque; la prudence
» humaine ne peut conjurer de tels dangers, heu-
» reusement fort rares. Pourquoi, d'ailleurs, sup-
» poser qu'un gouvernement qui voudrait faire du
» papier-monnaie emploierait une violence gra-
» tuite envers la Banque pour se procurer un se-
» cours qu'il pourrait créer lui-même, avec cette
» différence que le papier de banque forcé ne sub-
» sisterait pas vingt-quatre heures avec quelque
» crédit, et que celui que le gouvernement forme-
» rait lui-même pourrait être modifié de manière
» à lui procurer quelque avantage? »

Cette grande calamité dont parlait le gouverneur est survenue, le gouvernement provisoire a
donné cours forcé aux billets de la Banque de
France, et ils ont obtenu un crédit de plus de
vingt-quatre heures, crédit qui est loin d'être général, car les marchands de **bestiaux** les refusent.
Je ne crains pas de dire que, quoique notre géné-
ration soit mieux éclairée en fait de finances que
celles qui l'ont précédée, et de meilleure composi-
tion, cette mesure est nuisible plus qu'on ne pense

aux intérêts du commerce, et que si elle est maintenue encore longtemps, la confiance ne se rétablira point; car comment voulez-vous que le détenteur d'argent s'en dessaisisse, quand il voit la Banque de France en recevoir et n'en point donner, puisqu'elle a aujourd'hui dans ses caisses plus de 110 millions d'espèces, et qu'elle n'en avait que 50 environ lorsqu'elle a arrêté ses payements? Si la Banque, peut-il se dire, préfère l'argent à ses billets, pourquoi n'en ferais-je pas autant? Et alors il ne met pas son argent en circulation, de peur d'être remboursé en billets. La Banque aurait beaucoup mieux fait d'agir comme au mois de janvier 1814; de payer 500,000 fr. par jour. A cette époque elle n'avait en caisse que 14,354,000 fr., et en portefeuille 31,331,000 fr.; et elle avait à payer 38,326,500 fr. de billets, et 6,374,000 fr. de comptes courants; tandis qu'au mois de mars 1848 elle avait en caisse plus de 50 millions, ce qui lui donnait une marge de 100 jours, et la sortie des espèces eût été compensée par la rentrée du portefeuille.

Cette mesure du cours forcé de ses billets n'est favorable qu'à la Banque, qui ne s'aventurera pas à escompter des effets de commerce, tant qu'elle aura en circulation pour plus de 300 millions de billets qu'elle ne paye pas, et qui lui rapportent 8 millions par an. Elle n'a besoin d'entretenir cette circulation qu'en prêtant sur lingots, effets publics et actions. Cet état de choses ne peut durer sans compromettre gravement le commerce et entretenir la stagnation des affaires.

Comme le disait fort bien M. Cretet, le gouvernement pourrait se créer lui-même cette ressource ; son papier-monnaie, plus sûr que celui de la Banque, ne serait-il pas garanti par les contributions publiques et les domaines de l'État?

On a vu que la Banque de France s'est établie avec 30 millions de capital. Ses affaires s'étant étendues, elle fut, en 1805, autorisée à l'augmenter de 15 millions au cours de 1,060 fr. Les 60 fr. de plus furent ajoutés à la réserve.

L'appétit lui venant en mangeant, la Banque de France commença à enfreindre ses statuts pour accroître ses bénéfices. Elle escompta des obligations des receveurs généraux qui ne furent point payées à l'échéance, l'Empereur ayant dégarni les caisses pour sa campagne d'Autriche. Alors il y eut une débâcle financière effroyable. La Banque ne put faire le service de ses billets ; ils perdaient 10 pour 100. On ne payait que sur visa du maire et on faisait queue. La Banque s'était arrangée de manière à **ne** payer que 300,000 francs par jour. La victoire d'Austerlitz vint à propos pour empêcher la faillite de la Banque de France ; et à ce propos, Laffitte disait, en 1834, à la Chambre des députés, que l'Empereur avait été le premier financier de l'Europe, et qu'il l'avait prouvé par le gain de la bataille d'Austerlitz.

Ce fut alors que l'Empereur, pour éviter de pareilles crises, voulut que la Banque se mît en rapport avec le gouvernement, et que, par la loi du 22 avril 1806, il l'autorisât à doubler son capital, qui, par conséquent, fut porté à 90 millions. Les nouvelles 45,000 actions furent émises, le 1er janvier 1808, à 1,200 fr.; les 200 fr. en plus des anciennes furent imputés sur la réserve qui, avec la précédente de 35,000,000, fut placée en rentes à 5 pour 100, en actions de la Banque, et en obligations des receveurs généraux et des droits réunis.

Le gouvernement chargea la Banque des recettes de la loterie et du payement des rentes, moyennant rétribution importante.

On devait espérer qu'avec un capital de 90 millions la Banque de France serait désormais à l'abri de toutes les crises ; comment se fait-il qu'en 1814, n'ayant que 38 millions de billets en circulation, elle fut obligée d'en suspendre le payement? Qu'était devenu ce capital, puisqu'elle n'avait qu'une valeur de 31 millions en portefeuille? Qu'avait-elle fait du surplus? Elle l'avait converti en rentes, en ses propres actions et en prêts sur rentes. Ses statuts le lui permettaient-ils?

Dans leur rapport du 30 janvier 1817, les censeurs disaient que, par des achats successifs, la Banque avait réduit à 67,900 actions son capital, celui de 90 millions ayant été considéré comme trop considérable, embarrassant, dangereux et hors de proportion avec les besoins du commerce. Cela se conçoit quand on a le privilége de fabriquer une monnaie de papier à volonté; mais si la Banque eût eu son capital entier, elle n'aurait pas été forcée de suspendre ses payements. De quel droit avait-elle affaibli son capital? Une loi l'avait réglé, une loi seule pouvait le réduire.

Dans le dernier semestre de 1818, il y eut une crise commerciale dont il sera question plus loin, qui fit descendre la réserve du numéraire de la Banque à 34 millions, et il y avait en circulation pour 108 millions de billets; les comptes courants s'élevaient à 55 millions. La Banque annonça qu'elle n'escompterait plus qu'à 45 jours. C'est une conduite un peu outrecuidante, on en conviendra.

Est-ce donc pour en faire entièrement à sa guise qu'elle a été instituée?

La Banque n'a jamais opéré que pour bonifier ses dividendes, et jamais dans l'intérêt public qu'elle a toujours froissé. Et c'est au moment même qu'elle signale ses embarras dans son rapport du 28 janvier 1819, qu'elle se vante d'avoir réduit son capital de 90 millions à 67,900,000 fr. C'est comme si elle avait dit : Le commerce a souffert, mais nos dividendes ne sont plus répartis qu'entre 67,900 actions au lieu de 90,000; ils sont donc plus forts, c'est une agréable compensation pour les actionnaires.

En 1819, il fut fait à la Banque, dans une maison de depôt de recettes journalières un vol d'une somme de 30,000 francs. Pour rattraper cette perte, elle n'escompta plus à 4 pour 100 que les effets à trente jours au plus. Malgré cela, l'année 1820 ne fut pas très-profitable pour elle, on fut obligé de prendre 300,000 francs sur la réserve pour compléter les 3 pour 100 du dividende du premier semestre. Par dédommagement, la Banque fut autorisée par la loi du 24 juillet à distribuer aux actionnaires les deux tiers de la réserve. Ce qui fit 202 fr. par action ou 13,715,800 fr.

Au mois de mai de la même année, elle escompta 100 millions de bons du trésor avec garantie de rentes 5 pour 100 à 75 50.

En 1823, elle répartit les bénéfices sur 67,900 actions au lieu de 90,000, pour achever de consacrer la violation de la loi qui avait fixé le capital à 90 millions. De plus elle escompta divers certificats de l'emprunt de 23 millions, à quoi elle n'était pas autorisée par ses statuts. Le 6 octobre 1831, 2e distribution de la réserve : 145 fr. par action.

Une loi du mois de mai 1834 fixe la réserve à 10 millions, et autorise la Banque à prêter sur effets publics français n'ayant pas d'échéance fixe. Nous allons citer l'extrait de l'opinion de deux pairs qui s'opposèrent avec force à l'adoption de cette loi ; certes, leur opposition méritait un tout autre succès.

Barbé-Marbois : « Notre Banque est la seule qui, » dans tout l'univers financier, jouisse d'un privi- » lége qu'aucune autre n'osa demander, et n'ob- » tint sans en payer le prix (1). De tous les droits » de la souveraineté, il en est un dont les républi- » ques, ainsi que les monarchies, furent toujours » jalouses, c'est celui de frapper monnaie. Ce droit

(1) En 1839, M. Thiers prétendait que la Banque de France faisait 600,000 fr. de frais pour encaisser gratis les remises des comptes courants ; que c'était là une belle prime en échange du privilége. Joli profit pour le trésor, dont les gros banquiers profitaient seuls.

» régalien consiste à émettre un signe dont la loi
» et les édits attestent la valeur. Ce signe est mé-
» tallique ; mais le privilége aliéné à la Banque l'a
» été dans un degré bien supérieur au droit réga-
» lien. C'est avec un papier sans valeur intrinsèque
» que la Banque frappe monnaie, et crée des si-
» gnes aussi puissants que les signes métalli-
» ques. Une partie de nos revenus consiste en
» monopole. Celui qui est accordé à la Banque est
» le plus grand de tous et ne lui coûte rien. Que
» notre Banque ne soit pas la seule au monde à qui
» les droits régaliens auront été accordés sans la
» moindre compensation. Je ne puis rien proposer
» aujourd'hui, mais j'espère que mes paroles ne
» seront pas vaines. »

Le comte Roy : « La Banque n'est point établie
» dans l'intérêt des actionnaires. Tout ce que la
» justice prescrit à leur égard est accompli lors-
» que la loi leur a donné les moyens de toucher
» le revenu ou le dividende du capital auquel elle
» a fixé l'action. C'est dans l'intérêt général que la
» loi leur accorde le privilége de battre monnaie :
» qu'elle assimile les fabricants de faux billets de
» banque aux faux monoyeurs, et qu'elle les punit
» comme tels.

» Ces conditions doivent surtout être telles que

» la Banque puisse toujours subvenir sans retard et
» sans difficulté à l'échange contre du numéraire
» des billets émis par elle.

» C'est pour cela qu'indépendamment de l'es-
» pèce de réserve affectée aux dividendes, et qui
» se prélève sur les bénéfices, une partie qu'on
» évalue généralement au tiers ou au quart des bé-
» néfices du capital primitif métallique versé par
» les actionnaires doit être tenue en réserve et en
» numéraire dans les coffres de la Banque, de telle
» manière enfin que les billets en circulation doi-
» vent toujours faire supposer une valeur équiva-
» lente, soit en espèces, soit en effets, à échéances
» successives et tellement rapprochées, que la
» Banque puisse toujours subvenir aux rembour-
» sements qui lui seront demandés.....

» Je ne puis pas ne pas relever la disposition
» qu'elle a faite d'une partie importante de ses ca-
» pitaux pour des emplois qui lui étaient interdits
» par les lois qui les régissent.

» C'est ainsi que son actif présente :

» L'emploi d'une somme de 49,511,740 fr. en
» acquisition de rentes évaluées au pair de
» 100 fr. ;

» Celui d'une somme de 23,275,526 fr. en ra-
» chat de 22,100 de ses propres actions, ou en une

» atténuation du fonds social de 90 millions, dont
» l'obligation lui était imposée;

» Celui de 8,756,484 fr. en prêts sur hypo-
thèques;

» Celui d'une autre somme de 6,217,500 fr.
» pour avances sur actions de canaux, avances qui
» ne pourront être touchées que quatre-vingts ans
» après l'expiration de son privilége, à moins que
» les emprunteurs ne les remboursent volontaire-
» ment...... »

Après avoir dit que tant que la Banque se con-
formera aux règles prescrites par ses statuts, elle
est sans danger pour la société,

« Il en sera autrement, poursuit-il, si elle est
» autorisée à faire des prêts sur rentes; elle a alors
» intérêt de les multiplier pour augmenter les di-
» videndes, en élevant en même temps la valeur
» des inscriptions. Les émissions des billets n'ont
» plus pour mesure que les demandes de fonds sur
» cette espèce de gage. Je veux bien que la Banque
» accorde encore à l'escompte des effets de com-
» merce les fonds nécessaires à cet emploi; mais
» elle baissera difficilement le taux de l'escompte,
» parce qu'elle pourra se créer un accroissement
» d'emploi par le moyen des prêts sur rentes; son
» actif en rentes grossira, et cette nature de valeur

» deviendra la principale garantie du rembourse-
» ment des billets dont elle sera aussi le gage.

» Si, dans de telles circonstances, une crise se
» manifestait, les fonds des comptes courants se-
» raient retirés ; les billets en émission seraient
» présentés au remboursement ; la Banque, qui a
» déjà illégalement prélevé sur ses capitaux plus
» de 87 millions pour les placer en achats de ren-
» tes, en rachats de ses actions et en prêts sur hy-
» pothèques, sans parler de la réserve, pourrait
» éprouver les plus grands embarras. Après l'é-
» puisement de ses ressources en numéraire et de
» celles qui proviendraient des effets escomptés,
» les actions et les rentes dont elle a la propriété,
» celles qui lui auraient été déposées pour garantie
» de ses prêts ne lui offriraient qu'un secours illu-
» soire et dangereux, puisqu'elle ne pourrait vou-
» loir en faire usage qu'en les jetant sur le marché,
» et par conséquent qu'en augmentant la crise
» qu'elle voudrait arrêter. »

Le comte Roy racontait ensuite que la Banque,
oubliant les lois de son organisation, prit l'engagement le 4 juin 1818 de fournir 30 millions à l'é-
chéance de trois mois et à l'escompte de 4 pour 100
sur des certificats de l'emprunt de 16 millions de
rentes négocié le 6 mai aux capitalistes français

au taux de 66 fr. 50 c., et de celui de 24 millions du 15 mai traité avec Hope et Baring au prix de 67 fr.;

Que le 20 août elle ouvrit un autre crédit aux souscripteurs de ces emprunts, et le 17 septembre un dernier de 30 millions; qu'elle escompta, en outre, à un nommé Bœrenbrock, Hollandais, pour 27 millions d'acceptations de diverses maisons de Paris qu'il avait prises contre dépôt de rentes; de sorte qu'elle n'avait que deux signatures, et qu'elle n'avait point entre les mains les rentes pour troisième garantie. Il en résulta une masse d'argent jeté sur la place, qui favorisa le jeu, et fit hausser la rente de 68 à 80. Mais le 30 novembre, la veille de la liquidation, on apprit que la Banque n'escomptait plus qu'à quarante-cinq jours. Il en advint une crise violente. Les banquiers et les associations financières convinrent de prendre la rente à 70 fr. pour que la liquidation pût se faire.

On ne comprend pas que malgré l'exposé de tous ces faits si compromettants pour la Banque de France, elle ait pu obtenir des chambres l'autorisation d'opérer sur les effets publics. Elle était donc sous la protection de Plutus et de Mercure.

Si la Banque de France s'était astreinte à respecter les lois qui l'ont fondée, si elle eût conservé intact son capital de 90 millions ; si elle n'eût point opéré sur les fonds publics, acheté des rentes, distribué sa réserve ; si elle eût escompté à *toutes les classes*, comme elle le disait, le papier à trois bonnes signatures à trois mois, et même à deux signatures et à six mois, comme le proposait M. Ganneron au mois d'avril 1834, proposition qui ne fut rejetée qu'à une voix de majorité, la Banque aurait gagné tout autant, le commerce eût été aidé, et nous n'aurions pas été victimes des crises que nous avons subies. Est-ce que les actionnaires n'auraient pas été toujours certains d'avoir les 6 pour 100 de dividende qu'établissait la loi, quoique l'intérêt de l'argent ait diminué depuis sa fondation ?

Au mois de juillet 1839, une crise financière ayant éclaté en Angleterre, la Banque de Londres fut obligée d'avoir recours à la Banque de France, qui lui escompta pour 48 millions de traites tirées pour le compte de l'emprunteur sur quinze banquiers de Paris. N'enfreignait-elle pas encore là ses statuts, puisque ces traites n'étaient revêtues que de deux signatures ? Mais que lui importait ? l'intérêt des actionnaires avant tout. Elle escomptait à un fort intérêt, et il lui était fort indifférent, même à cette époque, que les deux gouvernements fussent en bisbille, à l'occasion des affaires de Syrie, et que l'Angleterre eût fait exclure la France du concert européen ; nos financiers ne sont pas Français, ils sont cosmopolites !

Heureuse Banque ! Ce fut le 30 juin 1840 que fut rendue la loi qui lui accordait un nouveau bail de douze et vingt-quatre ans, son privilége devant expirer le 31 décembre 1843 ; et pas un membre de l'opposition qui ait attaqué ce privilége avec quelque énergie ! Mauguin avait été même jusqu'à vouloir accorder à la Banque de France le recouvrement des impôts.

« Je ne veux pas, répondit Garnier-Pagès aîné,
» que quelques hommes dans le pays, qui ne sont
» pas choisis par le pays même, qui ne font pas es-
» sentiellement partie des pouvoirs qui le régissent,
» aient eux-mêmes un pouvoir aussi immense. Je
» ne veux pas que la monarchie constitutionnelle,
» telle qu'elle existe, soit gouvernée par les ban-
» quiers ; j'avoue que le gouvernement me paraî-
» trait un peu plus mauvais encore. »

N'est-ce pas à la manière d'opérer de la Banque que nous devons les crises de 1846 et 1847, et particulièrement celle de cette année ? Avec un portefeuille plein d'inscriptions de rentes, elle s'est trouvée sans le sou. Elle a été obligée d'acheter à haut prix des lingots à la Banque d'Angleterre. Comme elle ne consentira jamais à moins gagner, elle a mis ses escomptes à 5 pour 100 (1). Elle allait être réduite à vendre à tout prix ses rentes, lorsque lui est arrivé le secours des 50 millions de l'empereur de Russie, qui les lui a achetées plus favorablement qu'elle n'osait l'espérer. Il doit peut-être regretter aujourd'hui cet acte de bienveillance, et il songe aussi peut-être à nous le témoigner ; nous verrons bien.

§ VIII.

De la nécessité de la suppression de la Banque de France.

Un privilége quelconque doit-il exister sous notre république? La constitution dit non. Le moment est venu où les paroles de Barbé-Marbois doivent cesser d'être vaines. Le gouvernement républicain doit rentrer dans la plénitude de son droit. Le peuple souverain ne saurait reconnaître une monnaie de papier qu'il n'a pas créée lui-même.

« La nation, a dit Mirabeau, est l'origine de tout

(1) M. Thiers, président du conseil au mois de juin 1840, disait que la Banque de France avait, à l'origine de sa fondation, établi l'intérêt des escomptes à six pour cent, alors qu'il était à douze pour cent dans le commerce ; qu'elle l'avait descendu à cinq, puis à quatre ; et qu'elle ne songerait jamais à l'augmenter, mais bien plutôt à le réduire. M. Thiers ne sera pas brûlé comme sorcier.

» crédit ; elle n'a pas besoin d'acheter le crédit
» qu'on n'aurait pas sans elle. »

La loi, objectera-t-on, a accordé à la Banque de
France un privilége qui n'est pas près d'expirer.
La révolution du 24 février a révoqué virtuelle-
ment cette loi comme attentatoire à l'égalité et à
ses droits de souverain que le peuple a reconquis.

Ordinairement, lorsque l'État accordait un privilége, c'était pour en retirer un profit quelconque.
Quel profit en retire-t-il ? Mais l'intérêt public ?
croit-on qu'il a été considéré pour quelque chose
par la Banque de France ? On a pu en juger dans
le courant de cet ouvrage.

Supposons pour un moment que la Banque ait
le droit de finir son bail, nous le voulons bien pour
être généreux ; mais on conviendra que ce bail n'a
pas été passé sans quelques conditions. Or la Banque les a-t-elle remplies, ces conditions ? On l'a vu.

Si la loi de mai 1834, en autorisant la Banque à
prêter sur effets publics, lui a donné un bill d'in-
demnité pour ses opérations antérieures dans ce
genre, et pour la distribution de diverses portions
de son fonds de réserve, elle ne lui a pas permis
d'atténuer les 90 millions de son capital par des
achats de rentes et des rachats de ses propres actions.

La Banque devait ouvrir une caisse de placement d'épargnes dans laquelle elle devait recevoir toute somme de 50 francs et au-dessus, et dont elle aurait payé l'intérêt. On ne voit dans aucun de ses rapports annuels que cette caisse ait été ouverte.

La Banque devait prendre le papier des commerçants de *toutes classes*, pourvu qu'il fût revêtu d'au-moins trois signatures connues. Eh bien, que le premier petit industriel venu se présente dans les bureaux avec un effet endossé des noms les plus recommandables, cet effet sera refusé, parce que pour être admis à l'escompte, il faut avoir un compte ouvert à la Banque, faveur qu'on n'accorde pas à tout le monde.

Il est constant que la Banque a continuellement violé ses statuts; la république peut donc, sans se prévaloir du droit que lui donne la constitution, annuler le privilége de la Banque, qui n'a pas été fidèle au contrat qui avait été passé avec elle par les gouvernements monarchiques.

L'intérêt de la nation est la suprême loi; or, il est de l'intérêt de la nation que la Banque de France soit supprimée, parce qu'elle n'a servi qu'à enrichir ses actionnaires aux dépens du petit commerce qui occupe la grande masse du peuple; parce que ses caisses n'étaient ouvertes que pour les gros banquiers et négociants; parce qu'elle a favorisé l'agiotage en escomptant les certificats d'emprunts et en prêtant sur dépôts de rentes, agiotage qui entraînait nécessairement la ruine des petits capitalistes.

N'est-ce pas la Banque de France qui, par des opérations que ses statuts lui interdisaient, a donné naissance à toutes les crises financières qu'on a eu à déplorer? celle de 1805, qui occasionna une perte de 10 pour 100 sur ses billets dont elle aurait dû être responsable, car enfin, dès qu'elle ne les payait pas, on était en droit de les faire protester; le public a eu la générosité de ne pas la faire déclarer en faillite? celle de janvier 1814, qui la força à ne payer que 500 mille francs par jour? celle de 1818, qu'elle fit éclater en annonçant qu'elle n'escompterait plus qu'à 45 jours.

Que dire de cette lésinerie de la Banque, qui, en 1819, n'escompta plus à 4 pour 100 que les effets à trente jours au plus, pour rattraper les trente mille francs qui lui avaient été volés : preuve qu'elle ne se regardait fondée que dans l'intérêt de ses actionnaires et non dans celui du commerce.

Outre le privilége excessif de pouvoir battre monnaie, dont l'État s'est départi en faveur de cette Banque aristocratique, n'y en a-t-il pas un autre exorbitant que j'oubliais dans cet article 33 de la loi du 24 germinal an XI?

« Aucune opposition ne sera admise sur les
» sommes en comptes courants dans les banques
» privilégiées. »

La Banque de France pouvait donc dire à tous
les capitalistes mauvais payeurs : Apportez-moi
votre argent en toute confiance, il sera en sûreté
dans mes caisses; les huissiers n'ont pas droit de
le saisir; je vous le rendrai lorsque vous monterez
en voiture pour échapper à vos créanciers. Il n'est
pas étonnant que ses comptes-courants aient toujours été si gras (1). La Banque a dû être le caissier
du fameux Ouvrard, qui vivait si somptueusement
à Sainte-Pélagie.

Mais il ne suffisait pas que la Banque de France
eût obtenu le privilége exorbitant et régalien de
battre monnaie, il a fallu, chose incroyable! que le
gouvernement provisoire de notre nouvelle République lui accordàt la faculté d'émettre son papier
avec cours forcé et légal, et l'autorisàt à ne point
les rembourser en espèces. Et c'est par un pareil
acte qu'on inaugure l'établissement de la République! Bonaparte n'aurait pas osé commencer ainsi
son règne.

---

(1) Et les censeurs qui s'étonnaient que dans les temps de crise, les
comptes courants s'enflaient toujours outre mesure, le fameux article
33, en explique la cause.

On ne cesse de mettre en avant les services que la Banque de France a rendus au commerce. Il serait facile de prouver qu'il n'y a que ses actionnaires et la haute finance qui ont profité de cet établissement. En 1803, lorsque le numéraire commença de reparaître, l'intérêt était à 12 pour 100. La Banque, nouvellement formée, fixa ses escomptes à 6 pour 100, pour qui? pour les banquiers; la masse des commerçants continua de le payer à 12, parce qu'il fallait que le papier passât par plusieurs mains pour arriver à la Banque. L'argent devint moins rare, l'intérêt diminua pour les banquiers, mais resta le même pour le petit commerce, et il est encore aujourd'hui presque le même. Croit-on que si la Banque de France n'eût pas existé, l'argent des actionnaires se serait fondu? non, il aurait alimenté une infinité de maisons de banque, dont la concurrence aurait fait diminuer le prix de l'argent. C'est ce qui avait lieu avant 1806. Malgré la puissance formidable de la Banque de France, il s'était déjà établi plusieurs maisons rivales. Ceci ne faisait pas le compte des hauts dignitaires de la Banque de France ni de l'Empereur, qui voulait se servir de cette Banque pour les besoins de l'État; de là le privilége qui lui fut accordé d'émettre exclusivement un papier-monnaie, et de là aussi la

chute des nombreuses banques qui s'étaient établies pour l'utilité du commerce. Qu'on cesse
donc de vanter les services qu'elle a rendus à ce
pauvre commerce; il les a chèrement achetés, et
il ne lui en sait aucun gré.

§ IX.

De la Création d'une Banque nationale.

On ne saurait disconvenir que, si la Banque de
France s'était renfermée dans ses statuts; si, con-
servant intact son capital augmenté de sa réserve
qu'elle ne se serait pas distribuée; si, moins exclu-
sive dans ses escomptes, elle les eût étendus dans
tout le commerce en général; si même elle se fût
contentée de deux signatures, celles de l'acheteur
et celle du vendeur, et prolongé les échéances du
papier à cent vingt jours, loin de nuire aux affaires
comme elle l'a fait, et d'être cause des crises que
nous avons signalées, elle aurait rendu de grands
services au commerce et à l'industrie, et nos
révolutions, si toutefois elles eussent eu lieu, n'auraient pas été suivies de désastres financiers.

Mais la Banque, comme on a pu s'en convaincre,
n'avait qu'un but, celui d'enrichir ses actionnaires
et de créer une aristocratie financière. Issue du

privilége, elle s'est entourée des privilégiés de la
fortune; elle les a admis seuls à l'escompte, et,
écartant de son portefeuille tout effet qui avait une
odeur de bas et petit commerce, elle ne l'a rempli
que de rentes et d'actions.

Nous reconnaissons volontiers qu'une véritable
banque est indispensable; mais ce n'est pas une
banque locale comme celle de la Banque de France,
mais une banque générale, universelle, nationale,
dont les rameaux puissent s'étendre jusque dans
les plus petits hameaux, et y répandre un signe
d'échange plus abondant sans lequel les transactions et l'exécution des travaux sont impossibles.

L'État étant le père de la grande famille, tous
les citoyens étant égaux à ses yeux, doit reprendre
l'usage d'un droit qu'il n'appartient à personne de
posséder aux dépens d'autrui. Il a seul le droit
d'imposer à la société un signe d'échange quelconque. L'État doit donc être le grand banquier
de la France. Et qu'on ne vienne pas dire que c'est
encore un monopole dont il s'emparera. Je consens volontiers qu'il renonce à tout ce qui peut
être un empiétement sur la liberté du commerce
et de l'industrie; mais ici il s'agit, au contraire, de
débarrasser ces deux branches de la prospérité
publique de la lèpre qui les dévore. Il s'agit d'or-

ganiser l'intérêt que doit produire le capital sur une base égale pour tous, pour le grand industriel comme pour le plus petit. D'ailleurs, nous ne voulons aucunement empêcher la concurrence ; nous la provoquons de tous nos vœux, parce qu'elle ne pourra que servir à faire baisser le taux de l'intérêt.

Voici donc de quelle manière je formule le décret que je soumets à l'Assemblée nationale pour l'organisation de la Banque nationale.

§ X.

Projet de décret pour l'Établissement d'une Banque nationale.

Article 1er. Le privilége de la Banque de France est aboli.

Art. 2. La Banque de France est supprimée.

Art. 3. Il lui est donné jusqu'au 1er janvier 1849 pour faire rentrer ses billets de la circulation.

Art. 4. Les billets qui ne seront pas rentrés à cette époque seront considérés comme n'existant pas ; la Banque de France est autorisée à refuser le payement de ceux qui seront présentés plus tard.

Art. 5. Le montant des billets non présentés au

1er janvier 1849 sera versé dans la caisse des hospices.

Art. 6. Une Banque nationale sera organisée par l'État dans le plus bref délai possible.

Art. 7. Cette banque aura autant de divisions qu'il existe de départements.

Art. 8. Chaque receveur général de département sera le directeur de chaque division.

Art. 9. La division du département de la Seine aura son siége au Ministère des Finances, sous la direction du ministre.

Art. 10. L'État pourra émettre en billets de banque pour une somme trois fois plus forte que le montant des contributions publiques de l'année.

Art. 11. Les billets de banque seront divisés en coupures de 20 (1), 50, 100, 200 et 500 francs.

Art. 12. Ces coupures seront au porteur et à vue, et remboursables en espèces à présentation chez les receveurs généraux et particuliers, chez les percepteurs et au Trésor.

Art. 13. Les opérations de la Banque nationale, faites dans les départements par les receveurs généraux, et à Paris par le Trésor, consistent :

---

(1) Nous avons préféré la coupure de 20 francs à celle de 25 francs, parce que avec celles de 20 francs et 50 francs, on peut faire, sans appoint numéraire, les sommes de 90, 80, 70, 60, 50, 40, et 20 francs, tandis qu'avec la coupure de 25 et 50 francs on ne fait que 75 et 50 fr.

1° **A** escompter des lettres de change et billets à ordre, revêtus de deux signatures de citoyens français ou étrangers ayant une réputation notoire de solvabilité ou de moralité.

2° **A** se charger pour le compte de particuliers et pour celui des établissements publics de recouvrer le montant des effets qui leur seront remis, et à faire des avances sur les recouvrements de ces effets, si les porteurs ne veulent pas les faire escompter intégralement.

3° **A** recevoir en comptes courants tous dépôts et consignations, ainsi que les sommes en numéraire et effets qui lui seront remis par des particuliers ou établissements publics, et ce, sans être tenue à faire compte d'aucun intérêt; à payer pour eux sans frais les mandats qu'ils tireront sur la Banque, ou les engagements qu'ils auront pris à son domicile, jusqu'à concurrence seulement des sommes encaissées à leur profit.

Art. 14. Les effets de commerce qui ne doivent avoir au plus que six mois d'échéance seront escomptés au taux de 4 pour cent par an; cet intérêt ne pourra jamais être augmenté, mais il pourra être réduit.

Art. 15. La Banque prêtera pour six mois à tout propriétaire par première hypothèque, moyennant une retenue de 4 pour cent l'an ; le propriétaire pourra renouveler , sans frais, en payant l'intérêt d'autres six mois. Ces prêts pourront s'élever aux deux tiers de la valeur de la propriété territoriale, et au tiers de l'immeuble bâti.

ART. 16. Il sera également prêté pour six mois, au taux de 2 pour cent par an, à tout propriétaire de terres incultes et de marais à dessécher, pourvu qu'il justifie de l'emploi des fonds prêtés à cet usage.

ART. 17. Les receveurs généraux sont autorisés à prendre pour change de place un quart pour cent pour les effets sur départements, Paris excepté, d'une somme de 200 fr. et au-dessus, et demi pour cent pour les effets au-dessous de 200 fr.

ART. 18. Les bénéfices de la Banque seront répartis tous les six mois. Deux millions seront distribués entre les receveurs généraux, en proportion du produit de leurs opérations ; 10 millions aux hospices et établissements de bienfaisance ; le reste appartiendra à l'État.

ART. 19. Les receveurs généraux seront tenus d'établir tous les trois mois le bilan de leurs opérations, lequel sera publié dans *le Moniteur* par les soins du ministre des finances.

Nous pourrions évaluer approximativement les

bénéfices de la Banque nationale. En supposant qu'elle n'émît que trois milliards de billets, et c'est peu pour toute la France, comparativement à ceux de la Banque de France, qui se sont élevés à plus de 250 millions pour Paris seulement, 3 milliards à 4 pour cent donnent 120 millions; admettons une perte d'un quart, ce serait 90 millions de produit. En déduisant les 24 millions alloués aux receveurs généraux et aux établissements publics de charité, ce serait 66 millions pour le Trésor. Ce ne serait pas tout : combien les impositions directes résultant des opérations de la Banque ne produiraient-elles pas ! Mais tout cela n'est pas comparable aux avantages immenses qu'en retireraient le commerce, l'industrie et l'agriculture.

Le ministre des finances a dit à l'Assemblée nationale qu'il ne consentira jamais à créer un papier-monnaie, pour qu'il ne puisse être assimilé aux assignats. Qu'il se rassure. Jamais on ne pourra comparer les billets de la Banque nationale à des assignats. Ils le seront moins que ne le sont aujourd'hui les billets de la Banque de France, qui ne sont pas payés, et qui sont assis au moins pour moitié sur des valeurs chanceuses. Les billets de la Banque nationale pourront être continuellement échangés contre espèces chez les receveurs généraux et particuliers, et chez les percepteurs. Il est certain qu'on n'aura aucun intérêt à faire souvent cet échange, à cause des petites coupures qui circuleront facilement comme numéraire. Est-ce que partout on ne préférera pas ces billets à des écus embarrassants, et dont le compte est long et fastidieux à faire?

Pourquoi n'agirait-on pas en grand comme le fait la Banque de France en petit? Cette Banque est obligée d'opérer avec prudence et de choisir le papier de commerce, pour ne pas être exposée à des pertes, l'émission de ses billets devant se proportionner à son capital; l'État, lui, peut l'étendre à trois milliards, sans être obligé d'avoir toujours en caisse des fonds improductifs; chez lui, les espèces se renouvellent sans cesse, au moyen du recouvrement continuel des contributions. Une émission de trois milliards pour toute la France ne serait pas excessive, puisque la Banque de France en émet ordinairement pour 250 millions au service de Paris seulement.

Si, aussitôt après la Révolution de Février, le gouvernement bien inspiré eût songé à cette importante mesure, au lieu d'autoriser la Banque de France à ne plus payer ses billets et à leur donner cours forcé, si elle eût eu l'énergie de la supprimer, nos finances eussent été sauvées. Alors on aurait pu rembourser les déposants de la caisse d'épargne et les porteurs de bons du Trésor, en billets de la Banque nationale, qui, certes, auraient au moins inspiré autant de confiance que ceux de la Banque de France, dût-on d'ailleurs faire pour eux ce qu'on a fait pour ceux de la Banque de France, en décréter le cours forcé. Alors on n'aurait pas été obligé d'augmenter la dette de l'Etat, en convertissant en 5 pour 100 au cours de 80 fr. les sommes dues aux déposants, et en 3 pour 100 au cours de 55 celles des bons du Trésor, pour remplir fidèlement, a-t-on dit, les engagements d'un gouvernement prodigue et corrupteur. Qu'on se soit montré juste envers les caisses d'épargne, je le conçois, c'était un dépôt sacré, c'étaient les économies du pauvre auxquelles on desservait un faible intérêt; mais les bons du Trésor méritaient-ils autant d'égards? Les détenteurs de ces bons étaient de riches capitalistes qui se sont empressés de répondre à l'appel de M. Lacave-Laplagne, qui leur offrit 5 pour 100 d'intérêt. Certes, si ce ministre leur eût proposé des rentes 5 pour cent au pair, quel est le capitaliste qui eût refusé cette proposition en présence du cours de 116 à 117 qui était alors coté à la Bourse? Et parce que cela n'a pas été fait, et qu'il est survenu une révolution qui a fait baisser les fonds publics, s'ensuit-il que les capitalistes doivent gagner à une révolution faite non par eux et malgré eux? car, enfin, au cours de 55 en 3 pour 100, on leur donne 5 et demi pour 100 d'intérêt, et ils n'avaient prêté qu'à 5, et ils ont de plus l'espoir d'une augmentation considérable de leur capital, si les cours remontent à 82 ou 84, comme nous les avons vus. Un journal réactionnaire, *le Constitutionnel*, n'a pas craint de dire qu'on avait fait une petite banqueroute aux porteurs des bons du Trésor, parce que le 3 pour 100 n'était pas tout à fait au cours de 55 au moment de la consolidation. Quel appétit! bon Dieu! Sait-on pourquoi on a traité si favorablement les bons du Trésor? C'est parce qu'on espérait gagner les capitalistes à la République; c'est qu'on concevait l'espoir de leurs bons services. Mais on ignore donc que le capitaliste n'est pas reconnaissant le moins du monde, et qu'il n'aventure son argent qu'à bon escient? C'est encore parce que la Banque de France, palais des princes et grands dignitaires de la haute finance, possédait dans son portefeuille une masse formidable de bons du Trésor qu'elle avait pris, en violation de ses statuts, ainsi qu'elle l'avait fait en 1805 pour les obligations des receveurs généraux. Or, de bons amis qu'elle a trouvés en haut lieu ne pouvaient consentir à les mettre dans l'embarras, en convertissant les bons du Trésor en rentes 5 pour cent au pair, comme l'avait proposé judicieusement, et en véritable financier, M. Duclerc, le précédent ministre. Mais tout en approuvant l'ex-ministre sur un point, je ne puis m'empêcher de le blâmer sur son emprunt de 150 millions à la Banque. Quoi ! l'État autorise cet établissement à émettre 350 millions de billets de Banque ayant cours forcé, et il lui en emprunte 150 avec garantie de rentes et de bois de l'État, et il lui en paye 4 pour 100 d'intérêt ! Quoi ! l'État ne pouvait pas dire à la Banque : Sur 350 millions, j'en prends 150 pour mon compte gratuitement, en échange du privilége que je vous accorde ; je vous les rendrai quand vous payerez vos billets. Et l'on a eu la faiblesse de vanter cette opération comme avantageuse à l'État, et comme généreuse de la part de la Banque de France ! « On » nous vend ce que nous donnons, disait Mira-» beau avec raison, comme s'il y avait de la géné-» rosité à prêter des billets qu'on ne paye pas. »

Ce n'est pas tout ; tout le monde sait que l'emprunt de 250 millions, contracté par la maison Rotschild, sous la dynastie, n'a pas reçu son exé-

cution, et que les 20 millions de cautionnement
étaient acquis de droit au Trésor; or, la Banque
de France avait souscrit à cet emprunt pour 25
millions, et elle se trouvait engagée pour deux
millions dans ce cautionnement. En conscience,
n'était-il pas inconvenant de faire perdre à Sa Ma-
jesté la Reine de France, pardon, je me trompe,
la Banque de France, ces deux pauvres millions?
Non, cela ne pouvait pas être sans se rendre cou-
pable du crime de lèse-finance. Aussi s'est-on
empressé de substituer une branche cadette d'emprunt à la branche aînée, et de relever la dé-
chéance de l'ancien cautionnement et de l'attri-
buer au nouvel emprunt. La Banque de France ne
pouvait pas faire différemment que de ressouscrire
pour 25 millions, afin de rattraper ses deux millions compromis. C'est aussi ce qu'elle a fait. Maintenant je demanderai si ses statuts lui permettent
de souscrire aux emprunts de l'Etat ou à tout autre,
et surtout de souscrire quand elle est en suspension
de payement?

Puisque je suis sur ce chapitre du nouvel emprunt, je serais bien aise de savoir pourquoi on a
refusé les propositions d'une compagnie anglaise
qui prenait cet emprunt? Est-ce que nous avons
trop de numéraire et que l'argent anglais nous eût

engorgés? Et puis les 20 millions du cautionnement de l'ancien emprunt abandonné n'étaient donc
pas bons à garder? Ma foi! si c'est là ce qu'on ap-
pelle savoir administrer les finances, j'avoue que
je n'y comprends rien du tout.

Maintenant, pour conclure, je crois avoir démontré par tout ce que renferme cet opuscule la
nécessité de la suppression de la Banque de France,
basée d'abord sur le droit, la constitution de la
République abolissant tous les priviléges, ensuite
parce que cette Banque n'a pas cessé de violer ses
statuts, et que par ces fréquentes violations elle a
été obligée de suspendre trois fois ses payements,
de réduire plusieurs fois l'échéance des effets de
commerce présentés à l'escompte, d'augmenter
l'intérêt de ses escomptes, et qu'elle a enfin, par
ses opérations contraires aux lois qui la régissent,
amené à diverses époques de grandes perturba-
tions dans les affaires commerciales, et occasionné
des crises financières déplorables.

Cependant comme il est essentiellement utile
qu'une banque existe pour que le commerce puisse
y trouver les ressources qui lui sont nécessaires, non-
seulement à lui, mais à l'industrie et à l'agriculture,
l'État peut seul y suppléer par l'établissement d'une
Banque nationale sur les bases que j'ai indiquées.

La centralisation administrative en France est quelque chose d'admirable ; la centralisation financière le sera également si on le veut bien. Elle est aussi nécessaire pour une Banque que pour un Etat. Que signifiaient, par exemple, ces petites banques de Rouen, Nantes, Lille, Lyon, Bordeaux, le Hàvre, Toulouse, Marseille, qui toutes avaient obtenu le privilége d'émettre un papier-monnaie qui n'était en quelque sorte reçu que dans leur département respectif, avant que le Gouvernement provisoire, comprenant la nécessité de la centralisation, n'ait autorisé la Banque de France à les englober, à titre de succursales, pour qu'il n'existàt qu'un seul papier ? Le capital de ces Banques était si faible, pour certaines époques, qu'il ne suffirait pas aux besoins ; dans d'autres, il paraissait trop fort, puisqu'il restait inactif dans les caisses. Souvent à Lyon, au moment de l'achat des soies, l'argent manquait, et la fabrication de toute l'année était perdue faute d'avoir pu acheter cette matière première. Il en était de même à Marseille, pour la saison des huiles, ou au Hàvre et à Bordeaux à l'époque de l'arrivage des denrées coloniales. Tantôt l'argent était trop abondant sur un point, tantôt il manquait sur un autre. L'établissement d'une Banque unique et nationale peut seul parer à ces inconvénients; la Banque de France n'a pas les reins assez forts pour cela, et elle n'est pas assez populaire.

Qu'on se garde bien de centraliser la Banque de France, comme on en a l'intention, et ainsi qu'on l'a prouvé, en lui donnant pour succursales toutes les Banques des départements. Qu'en est-il résulté? C'est que toutes les Banques qui n'émettent aujourd'hui que les billets de la Banque de France ne les payent plus, tandis qu'elles payaient les leurs. A-t-on pensé que si quelques-unes de ces succursales venaient à faire des pertes, la Banque de France se gênerait pour les supprimer, comme elle le fit des comptoirs de Lyon et de Rouen qu'elle avait d'abord établis? Comment se fait-il qu'elle en ait établi de nouveaux, elle qui en 1816 provoqua une loi qui disait, art. 18 : « La » Banque de France est tenue de supprimer ses » comptoirs d'escompte dans le délai de deux ans; » il lui est interdit d'en former de nouveaux. » ? Ce projet de loi fut rejeté.

Bonaparte, qui, après le 18 brumaire, songeait déjà à fonder une dynastie qu'il voulait asseoir sur les priviléges, autorisa l'établissement de la Banque de France et approuva ses statuts, qui, cependant, s'ils eussent été suivis à la lettre, auraient pu rendre de grands services; mais on a vu ce qu'il en advint. Il appartient aujourd'hui au chef du pouvoir exécutif de la république d'écarter tout ce qui peut avoir quelque ressemblance avec un privilége quelconque, et de répudier ce qui est contraire à l'égalité; il ne peut mieux signaler son administration nouvelle que par la création d'un établissement vraiment populaire. La fondation de la Banque nationale que je soumets à mes concitoyens pourrait devenir un de ses plus beaux titres de gloire. Le génie administratif est aux yeux de l'humanité bien plus digne d'admiration que le génie militaire; le chef actuel du pouvoir exécutif nous a déjà prouvé qu'il possède ce dernier, c'est à lui de nous faire voir qu'il possède l'autre.

FIN.

TABLE.

Imp. Dondey-Dupré, rue St-Louis, 46, au Marais.

www.ingramcontent.com/pod-product-compliance
Lightning Source LLC
LaVergne TN
LVHW012221170726
843503LV00005B/2187